Tom de Toys

*alias Siegfried Sühd, Tomithy Holeapple,
Herold Himmelfahrt und Bruno Brachland*

AF200821

FRAGLOS
L E B E N

55 Großartige Gedichte
2015 – 2019

Hrsg. G&GN-Institut
© POEMiE™

DER AUTOR *(www.TomDeToys.de)*

Tom de Toys, geb. am 24.1.1968 in Jülich/NRW, lebt seit 2012 in Düsseldorf Eller Süd. Machte 1989 eine sogenannte Lochismus-Erfahrung, die seine "Direkte Poesie" initiierte. Gründete 1990 das Institut für Ganz & GarNix (g-gn.de), entdeckte 1994 die "Erweiterte Sachlichkeit" als Liebeslyrik-Therorie (liebe2go.de), gewann 2000 den ersten Nahbell-Lyrikpreis (poetologie.de), erfand 2001 die Quantenlyrik (quantenlyrik.de) und gründete seine Trademark POEMiE™. Seit 2015 Anhänger von Nullyoga und Gastautor bei der LDL (Liga der Leeren). Organisierte bis 2017 drei Offlyrikfestivals (lyrikfestival.de). Arbeitet seit Dezember 2018 als Betreuungskraft in einem Seniorenheim (betreuungsalltag.de). Reaktivierte 2019 seine satirisch-spirituelle Freejazz-Klavierreform "Das Desinteressierte Klavier" von 1986 und plant damit ab 2020 live aufzutreten (nondualjazz.de). Alle lieferbaren Bücher im BoD Verlag über Amazon @ www.Neurogermanistik.de

Publikationen (Auswahl):

1989 "Die Mystische Inflation"
1990 "Das Letzte Buch" (Kunstkatalog)
1993 "JeDaZeitBereit"
2000 "ÜBERWELTIGUNG"
2007 "LOCHiSMUß LEiCHTGEMACHT"
2014 "ZIELE DER ZÄRTLICHEIT"
2015 "BODENLOS VERWURZELT WIE EIN STERN"
2017 "THE VERY MOMENT" & "NULL NERD"
2018 "NEUROSMOG - ABGRUNDTIEFE WELTROUTINE"
2019 "FRAGLOS LEBEN"
2020 "DAS LETZTE BUCH" (aktualisierte Neuauflage)

ORIGINALAUSGABE 2019
© Herstellung und Verlag: BoD –
Books on Demand, Norderstedt
ISBN 9783749448449

"Wenn Sie Ihre Ich-Ziele erreicht haben, wenn Sie das Auto und das Haus und eine gewisse Selbstachtung haben, wenn Sie materielle Güter und berufliche Anerkennung angehäuft haben – wenn das alles so ist, was dann? Wenn die Geschichte für die Seele keinen Sinn mehr hat, wenn materielle Unternehmungen in der äußeren Welt reizlos werden, wenn Ihnen die Gewissheit dämmert, dass allein der Tod noch auf Sie wartet, was dann? (...) Wirklichen Sinn im Leben finden heißt auch, den Tod im Leben zu akzeptieren, sich mit der Vergänglichkeit alles Seienden zu befreunden, mit jedem Ausatmen Körper, Geist und Seele ganz in die Leere entlassen."

Ken Wilber, in: "Wege zum Selbst" (1979)

"Ein allumfassendes Nichts, wie Leibniz es sich dachte, wäre wie ein von Einhörnern bewachtes Universum ohne Einhörner. Die Materie ist ganz anders, als wir sie uns vorgestellt haben. Gleiches gilt für das Nichts. Es handelt sich nicht um einen Zustand der absoluten Leere, sondern um einen der Formlosigkeit. Das Nichts ist eine unbespielte Bühne, ein Raum, in dem alles entstehen kann. Alles, was wir erleben, entspricht einem Spiel auf dieser Bühne – einer Ordnung im Nichts, die aufblitzt und wieder vergeht."

**Stefan Klein, in: "Das ALL und das NICHTS –
Von der Schönheit des Universums (2017)**

"Dieser ganze Egospuk ist seltsam, da es wirklich nur ein Spuk ist, aber psychisch so real für die meisten Menschen, dass man kollektiv daran glaubt, es gäbe unglaublich göttliche Gespenster. Die Menschheit tut das, seitdem sie überhaupt denken kann: suchen, sobald dieser Sucher im Geiste erwacht, obwohl nichts zu finden ist. Falls Dein Ego verschwindet, wird auch die angestrebte 'Mitte' nicht 'leer' sein, sondern mit dem Ego gemeinsam verdampfen. Dann ist da nichts mehr, wo 'jemand' hinkönnte und niemand mehr, um irgendwo 'ankommen' zu wollen. Dann wird dein BEWUSSTES SEIN einfach nur das Leben sein."

**Paul Zellin, in: "m...OM...ent:
Das Leben nach dem spirituellen Burnout" (2018)**

INHALT

25 ENTKRAMPFTE KURZGEDICHTE

01) 15.07.2015: (T)WITTERATUR / TWEENKLE
02) 23.07.2015: REIZÜBERFLUTUNG
03) 05.08.2015: SCHMER-ZEN
04) 06.08.2015: ZEN-TRUM
05) 07.08.2015: ROUTINE
06) 25.11.2015: k...OM...paratief
07) 28.12.2015: SALE
08) 29.12.2015: SATT
09) 29.1.+24.6.16: DIKTATUR
10) 23.03.2016: #AUFDIELIEBE
11) 13.08.2016: DAS VERBOTENE WORT
12) 28.09.2016: MULTINEUROCHIP (INSPIRATI...ON...LINE)
13) 30.01.2017: E:GO
14) 08.03.2017: WELTFRAUENKLIMA
15) 11.10.2017: PHAN...TOM...SCHMER...ZEN
(SELBSTLOSES SELBSTGESPRÄCH)
16) 10.03.2018: ALLTAGSEHE
17) 06.04.2018: DIE FREIHEIT DER POESIE
(HYMNE AUF DAS LAND DER DICHTER & DENKER)
18) 13.04.2018: DIE CHEMIE DER LIEBE
19) 08.08.2018: ANTIMEDITATION / ANTI MEDITATION
20) 05.09.2018: ZEN... IT!
21) 21.11.2018: DADAZEN (3.HOMMAGE AN DIE 80ER)
22) 30.12.2018: SCHWEINE(JAHR)HUND(ERT)
23) 04.04.2019: ENTWAHNUNG
24) 05.06.2019: KAPELLENFEELING (ZU "VORGERÜCKTER" STUNDE)
25) 02.07.2019: DIE GEBURT DES GEISTES
AUS DEM GEISTE DES GEISTES

1 ECHTES QUANTENGEDICHT

26) 4.-21.8. + 31.8.2017: NSTR

16 AUSWEGLOSE ALLTAGSGEDICHTE

27) 05.02.2015: LOBGESANG
28) 03.06.2015: SCHWARZWALD
29) 26.07.2016: METALYRIK MARILYST
30) 04.10.2016: WINDHAUCH
31) 13.11.2016: 23. JANUAR 1986 + 1989
32) 09.05.2017: ÜBUNG "OHNE FILTER"
33) 03.11.2017: AUSSIT-ZEN (UNERWARTETE NEBENWIRKUNGEN)
34) 25.08.2018: ZUCKERRÜBENFABRIKBRAND
35) 05.11.2018: ENTKLONTE ZONE
36) 12.11.2018: SUPER(GAU-LAND)EI
37) 15.11.2018: RECHENSCHAFT
38) 21.11.2018: DADA+WOODSTOCK=>ZEN?
                 (HOMMAGE AN DIE PRIVATEN 80ER)
39) 21.11.2018: WOODSTOCKZEN (2.HOMMAGE AN DIE 80ER)
40) 07.12.2018: GEISTLOSE GRABREDE
41) 08.03.2019: KLARGEBET
42) 15./16.3.19: THEATER DER UNENDLICHKEIT

6 ERFÜLLTE LIEBESGEDICHTE

43) 9.+10.1.15, 103.E.S.: ERFÜLLTE
44) 06.06.2015, 104.E.S.: ÜBERKOMPENSIERTE
45) 11.02.2016, 105.E.S.: FLÜCHTIGE
46) 26.+27.10.16, 106.E.S.: 200PROZENTIGE
47) 10.03.2018, 107.E.S.: VERDOPPELTE
48) 26.10.2018, 108.E.S.: SEELEN(GER)IN(N)SEL

7 MERKWÜRDIGE METAGEDICHTE

49) 27.07.2017: GENSTROM
50) 10.02.2019: VER(S)NET...ZEN (ACHTUNG: GEREIMTES ENDE!)
51) 02.07.2019: GESTÄNDNIS
52) 02.07.2019: ANDROIDE
53) 02.07.2019: DER GEDICHTTITEL
54) 04.07.2019: QUIZFRAGE
55) 04.07.2019: GÄNSEMARSCH

in Gedenken an
Louis de Attides

ENTKRAMPFTE KURZGEDICHTE

(T)WITTERATUR

DIESES GEDICHT BEWEIST
DAß ES GEDICHTE GIBT

TWEENKLE

THIS POEM PROVES
THE EXISTENCE OF POETRY

REIZÜBERFLUTUNG

ein
wort:
weniger!

SCHMER-ZEN

einen gedanken fassen
einen einzigen klaren gedanken
nur einen
einen einzigen
einen klaren gedanken

ZEN-TRUM

EIN
KLARER
GEDANKE

ROUTINE

Kaffee
Zigarette
Rechner

k...OM...paratief

DUNKLER
SCHATTEN
LEERE

SALE

alles
ist
reduziert

SATT

sonne scheint
straße glänzt
sbahn fährt
sprache dichtet

DIKTATUR

das hier ist keine literatur
das hier ist kein lyrikfestival
das hier sind keine autoren
das hier ist kein publikum
das hier ist keine presse
wer meint es gäbe keinen gott
kriegt eins auf die fresse

#AUFDIELIEBE

die herzen pochen schneller und schwer
im südlichen eller berufsverkehr
in trauer seit gestern
über brüder und schwestern

DAS VERBOTENE WORT

endlich frei wie
in den momenten
als ich deine liebe spürte
so unendlich und vollkommen
wie die einsamkeit
des universums das sich
durch uns selbst erkennt

MULTINEUROCHIP
(INSPIRATI...ON...LINE)

ich habe keine zeit um
meinen kaffee zu trinken
denn ich muß in meinem
superhandy versinken
um in meinen vielen ge...
danken nicht zu ertrinken
sondern mich mit allen
assoziationen zu verlinken

E:GO

narziß zog den stöpsel
schaute in den leeren ozean
und suchte vergeblich
den schuldigen

WELTFRAUENKLIMA

Wir glauben nicht denn wir wissen
Die Trauben sind hohl und gegoren
Am Pol werden die tauben Hanneloren
Noch schmelzen und schmoren
Bis ihre letzte Kraft verschlissen
Und jeder Kohl für immer verloren

PHAN...TOM...SCHMER...ZEN
(SELBSTLOSES SELBSTGESPRÄCH)

ich war lang genug das ich das sich
jetzt gerne kleidet und bin mir der
freiheit sehr bewusst nicht mehr an
großen fragen zu ersticken die das
ich verzweifelt seinem spiegelbild
aufzwang bevor sie ineinander über-
gingen und zur nackten null addierten
was unendlich und unendlich war

ALLTAGSEHE

essen arbeiten
film ab und schlafen
und einmal im monat
hormongesteuerter sex
und die restliche zeit
beste freunde und
und und das muss
wahre liebe sein

DIE FREIHEIT DER POESIE
(HYMNE AUF DAS LAND DER DICHTER & DENKER)

ICH KANN
EIN GEDICHT
AUFSAGEN
IMMER WENN
ICH WILL

DIE CHEMIE DER LIEBE

chemich chedich
cheduns chewir
chewo chewann
chewie chevieh
chewer cheblüh
chewelk chemie

ANTIMEDITATION

langsamkeit passiert
automatisch weil
ich alles aus
dem jetzt
heraus
tue

ANTI MEDITATION

slow movement happens
automatically while
i do everything
out of the
total
now

ZEN... IT!

glitzernde regentropfen
begleiten den gleichschritt
des aufrechten körpers
im verdampfenden grün
wo jede sekunde eine
neue sensation für
den leeren geist
der sich als
augen
fühlt

DADAZEN
(3.HOMMAGE AN DIE 80ER)

das seltsam aufgeweckte ich
zwischen nietzsche und new age
was ist das ich?
was ist die wahrheit?
was erklärt die wirklichkeit?
die sprache ist nur zum sprechen gut
alltägliches leben wird mystisch

SCHWEINE(JAHR)HUND(ERT)

weihnachten ist wieder ausgefallen
weil die opferschreie nicht verhallen
auch silvester böllern wir nicht rum
von dem kalender wird man dumm
wer braucht den ideologischen wahn
ich lese lieber paul zellin & paul celan
nullyoga ist die ewige nullstunde
kurzgedichte enden in der 8.runde

ENTWAHNUNG

die blüten blühen die
vögel zwitschern die
luft ist feucht der
himmel blendet alles
lebt und alles sagt sich
selbst: DAS IST DAS
LEBEN die unendlichkeit
die sonne scheint und
dich: dich gibt es nicht!

KAPELLENFEELING
(ZU "VORGERÜCKTER" STUNDE)

wir sitzen jetzt auch selber schon
in der ersten reihe beim abschied
von etwas älteren und vermissen
bald die vertraute berührung der
lippen die sich heute noch beim
küssen ganz zuhause fühlen dann
wird über unsrem grabstein nebel
leuchten und die sonne schweigt

DIE GEBURT DES GEISTES
AUS DEM GEISTE DES GEISTES

wenn ich das wichtigste
in drei zeilen sagen könnte
wäre ich jetzt fertig

FOTOMIE.de

ECHTES QUANTENGEDICHT

NSTR

EN IC LL I NSC E / I IC U IN ESU MM / LL I UTO I E NSC UR
IMA RDE / ND I NDE EN A IC AG / AN ÜR IC M GNE IB / Aß A
EBE U UTI S / Ü LL I LT UBI A Uß / O I ITE ATU IC RB IR / I
HT OT STI ND ISE / LL EME UR Aß LL MBI NDE / O ITE ATU
OC I ND EMA / TG ND A ND EMA I ND RGE EMA / TG ND ABE
IR / IE ND INE ESI ND EI EDA / EI EFÜ ND INE NSU TT / IE
IR RBE ND TGE EGE / Aß A ND AH ND EDE TNI / SS ELE O E
ÜGE E OLI E RTS ND E NTE LTU STR / RSE S A RSE FTE LTI
ND ETÄ / EI RZ S UR I LTE ND RZI / UR I HRE ND RTE O KNE
/ ND RST ND EI EHI TZ IC NMA / I NZI OZE E GLI I E ATE
RLA / ND U U IS E HTM U TZ TZ N INE UT / NDR M TA ND
NKS U N I ZZ / N I OLI ND INE RTN / E U INE NDR OBA UFÄ /
N LB NK A S EPA / A I NTI A I IGI ATI / I EI RFÜ NDW ISW
USH ND / E LNE RLA N YO ITI EGE RE / TME ITI GSE HTU NN
FRE HV HTU / ZZ ÖRU I OTA ERE EGE NSA / EI UE OA UT EVI
IC HL INE TT EN I TT U NEN DLI HKE ES / EN LL HLE ND URE
U U LS RNA IVI Uß / ND I Üß RE MM M DLI RSI / M DLI M
ERE SMI M IVE A EI ILI EWU TSE / SWE A B C ILI U IS I SMI
YBO / U DLI ERE ND E IGE DLI / U AS IC U RLI EI U U A U
IS / A IC U ITE HN EX AZ U EFE / A EDI E ÖNE HRE UT NTI S
U I ITE HN EX / A ISS AT RFÄ M ISS USC / RBS E MM S I NLO
AT / HSI HST GN RC I AU / EI LU EGI U EDE IN AD / ORM IC
U PP IN AU S IN NGE / ÜB I A ERA GNI LL / ND I EWU AC
EBE S A NZ EI A EI S EBE IC LS EBE U OC EBE IC EI / ND E
HST VEE E CHT IC RPA / HRE IN MB ND RHI UR PPI LL ND
LNE NTE SC / EN U ISS OC HO EI TK Aß / I NTE ESA EH RLI
EH EH C LL S O EH EH EH / Aß EI TLY ESC M LTA X IC ÖRB
S / I NN IN A ND AH A GT IC ERE / EI UN I ABE I ESC IKA
NDE / ABE N NDE ABE N TT ND I EL N INE BWA EI ABE / E
FST S U IC EH ÖTI / EHS U IC I RBA A NZ HTE //

AUSWEGLOSE ALLTAGSGEDICHTE

LOBGESANG

ich kann dir nicht sagen
warum ich dich liebe
es ist ein gefühl in der seele das
stärker ist als die angst vor dem tod
und mich in jedem moment dazu zwingt
zu dir so ehrlich zu sein wie ich
es eigentlich nur zu mir selber bin
ein gefühl das entscheidungen trifft
die der verstand sich nicht zutraut
das sich darüber hinwegsetzt ob
ich gerade lust auf dich habe oder
ob du mich irgendwie enttäuschst
ein gefühl das mich zwingt
auf dich zuzugehen wenn alles
in mir schreiend wegrennen möchte
denn du erlaubst mir ganz echt zu sein
anstatt mich zu verstecken du
bittest mich offen zu bleiben
wo andere sich verschlossen hätten
du zeigst mir wie sehr es sich lohnt
wirklich offen zu sein und daß das
vertrauen ins gute viel kostbarer ist
als die wut über mißverständnisse
mit dir macht das erleben der liebe
erst richtig spaß weil sie das
mitgefühl für den anderen freisetzt
die freude mit dir verbunden zu sein

SCHWARZWALD

die frisch gemähte wiese
duftet am sonnigen waldrand
sitzt der wanderer und
tankt den blauen himmel
in sein aufgewühltes herz
die toten bäume stehen
gespenstisch still im hochmoor
fließt das rostige wasser
durch saftig grünes moos
die vögel singen ihr zeitloses lied
das leben schenkt dir
einen weiteren tag
aber wer bist du
dem ich das sag

METALYRIK MARILYST

eigentlich wäre das jetzt
der perfekte moment
um ein gedicht darüber zu rezitieren
wie schön es hier ist
aber mir fallen die worte nicht ein
die das beschreiben könnten
was ich hier sehe
das wasser den himmel den tang und den strand
es ist einfach viel schöner
als ein gedicht es beschreiben könnte
darum lass ich es
ohne gedicht
einfach so
landschaft sein
landschaft
auf einem planet
den wir erde nennen

WINDHAUCH

du suchst eine person
die dich begehrt und liebt
eine gestalt deren seele
aus zuneigung besteht
aber da ist niemand der
sich als gestalt empfindet
keine person deren seele
sich nach dir verzehrt nur
ein entgrenzter mensch
der das leben spürt und
bei jeder berührung ein
neues gefühl erfindet das
namenlos im nächsten
augenblick verweht
alles andere (die person,
deren seele und das
angebliche ich) wurde
gestern erst brandneu
auf dem jahrmarkt der
zivilisation ausverkauft

23. JANUAR 1986 + 1989

mein eigener abschied vom
20. jahrhundert begann
schon am tage vor meinem
18. geburtstag als der einzige
bei dem ich gerne studiert hätte
starb: Joseph Beuys – und der
abschied setzte sich nahtlos
drei jahre später fort als 1989
Salvador Dali ebenfalls an
einem 23. januar verstarb
aber am meisten traf mich
diese nachricht daß Antonin
Artaud an meinem geburtstag
1947 seinen letzten auftritt
absolvierte (21 jahre vor meiner
geburt)... ich frage mich jetzt
wer noch sterben könnte um
den abschied zu vervollständigen
oder ob schon alle wichtigen
gegangen sind von denen nur
die werke bleiben? und mein herz
wird schwer wie das gesamte
universum ohne vater
unendliche namenlose stille

ÜBUNG "OHNE FILTER"

:der akku ist alle
das handy stürzt ab und
der glühende acker dreht
sich langsam und leise
zum plötzlichen vollmond
über dem winzigen waldrand
ins unendlich gesättigte
blau hinter den augen
verströmt eine sonne
ihr letztes licht auf das
saftige grün aus dem das
vergoldete fell eines hasen
mit dem versteinerten reh
um die wette springt während
zwei heißluftballons
hinterm horizont abtauchen
kriecht kalte luft in die
knochen der heimweg
ins wohnzimmer ist länger
als die erinnerung an das
gedicht auf repeat:

AUSSIT-ZEN
(UNERWARTETE NEBENWIRKUNGEN)

mein ich hatte drei große fragen:
- was ist das ich?
- gibt es gott?
- warum ist alles da?
und ich war ziemlich sicher daß
die beantwortung zur folge hätte daß
mir der sinn des lebens klar würde
und ich erleuchtet wäre und daß
die erleuchtung bedeuten müsste daß
ich im ewigen frieden angekommen sei
und der tod in ein großes geheimnis
eingebettet wäre nach vielen jahrzehnten
der suche sind alle drei rätsel
vollständig gelöst und der frieden
ist tatsächlich eingetreten der tod
ist von angst und den gefühlen der
traurigkeit frei und es gibt nur noch
endgültige klarheit und restlose
erkenntnis aber das ich ist verschwunden
das diese antworten brauchte die
offenbarung hat keinen besitzer mehr
und die wahrheit enthält kein geheimnis

ZUCKERRÜBENFABRIKBRAND

mitten in der nacht aus den süßesten
träumen gestürzt – tinnitus ist rein
gar nichts dagegen: nicht endende
kriegssirenen und martinshörner
dann immer wieder explosionen als
sei die silvesternacht vorverlegt die
apokalypse ist unsichtbar aber so
laut dass ich hinausrenne und durch
die straßen der kleinstadt irre um
einen grund für das spektakel im
unwissenden himmel zu suchen der
dunkel bleibt trotz des feuers weil
rauchschwaden über das land ziehen
die feuerwehr meldet auf digitalen
portalen die fenster zu schließen ich
wecke die nachbarn dann schlafen wir
weiter und warten auf frische luft am
nächsten morgen der ohne verletzte
beginnt dieses eine mal nochmal nur
mit dem schrecken davon gekommen

ENTKLONTE ZONE

hätte ich ein aufgeblähtes echtes ego
würde dieses eingebildete denkvieh
den ganzen tag lang nur noch schreien
weil die welt ein scherbenhaufen ist
in dem sich kein narziß verdoppeln kann
das eigentliche zentrum meines seins
liegt aber nicht im abgetrennten kopf
der sich ein bild von allem machen will
und seine sinnliche empfindung als die
illusion des neurochips interpretiert
der weltschmerz war in wirklichkeit
die letzte urfantasierte hautreizung
eines als fremdkörper jammernden leibes
dessen feuerprobe nach jahrzehnten aus
der heimkehr in sein innerstes bestand
das sich nicht denken lässt weil es die
pure wahrnehmung des ganzen selber ist
wenn alle ichanteile schweigen und die
stille wie ein bunter nebel leuchtend
auf der morgentlichen landschaft liegt

SUPER(GAU-LAND)EI

sogar der urknall ist nur ein
vogelschiss in der geschichte
des universums (rein zeitlich
gesehen – aber selbst die gabs
da noch nicht) jeder flügelschlag
eines selten gewordenen
schmetterlings könnte zum
supergau führen und jeder
gedanke eines blinden fanatikers
erschafft bei den blinden die
hoffnung auf paradiesisches licht
einfach jeder verfluchte vogel-
schiss hat eine auswirkung auf
die gesamte menschheit aber
wir können entscheiden in welche
richtung wir scheissen und welche
duftnote wir all den nachfolgenden
generationen in ihrem hotel namens
erde hinterlassen: gift oder dünger

RECHENSCHAFT

mein letzter held starb schon
vor vielen jahren ohne eine
nachricht zu hinterlassen
mein bedürfnis nach literatur
erwies sich als sinnloses hobby
meine suche nach erleuchtung
endete als dieser sucher selbst
im quantenmikroskop verpuffte
und das staunen über die existenz
des universums hat nun keinen
namen mehr das reine gefühl
für jeden augenblick ist eine
schnell vergessene geschichte
jede gegenwart besteht aus
allen angehäuften irrtümern
und diesem gedicht in dem es
scharfe schwere pusteblumen
hagelt als hätte uns der himmel
einen krieg erklärt bevor wir
etwas verbotenes taten

DADA+WOODSTOCK=>ZEN?
(HOMMAGE AN DIE PRIVATEN 80ER)

in meiner jugend hörten "alle"
New Wave, Punk und Neue Deutsche Welle
(es war die periode zwischen
Pink Floyd und Love Parade)
die lektüre schwankte zwischen
bravem New Age und brutalem Nietzsche
anarchie-graffitis galten nicht als kunst
und der atomkrieg machte mich paranoid
das seltsam aufgeweckte ich betrauerte den tod
von Beuys, Dali und die verpasste hippiezeit
dann kam das große fragezeichen:
WAS erklärt die wirklichkeit?
WAS ist das ich? WAS ist die wahrheit?
lässt sich mit der sprache [wahrheit] denken?
oder ist sie nur zum sprechen gut?
die paranoia wurde mystisch und danach
paranormal das alltägliche leben als erwachsener
erfordert radikale resilienz und mehr als mut

WOODSTOCKZEN
(2.HOMMAGE AN DIE 80ER)

in meiner jugend hörten fast alle
new wave und neue deutsche welle
die lektüre schwankte zwischen
new age und nietzsche graffitis
galten noch nicht als kunst der
atomkrieg machte mich paranoid
das seltsam aufgeweckte ich be-
trauerte den tod von beuys dali
und die verpasste hippiezeit dann
kam das große fragezeichen: WAS
erklärt die wirklichkeit? WAS ist
das ich? WAS ist die wahrheit?
lässt sich mit der sprache denken?
oder ist sie nur zum sprechen gut?
die paranoia wurde mystisch und
danach paranormal das alltägliche
leben als erwachsener erfordert
radikale resilienz und mehr als mut

GEISTLOSE GRABREDE

nicht die welt vergißt uns
sondern wir die welt
der tod ist dunkler als die nacht
und schwärzer als das all
das nichts ist nichts dagegen!
unser tod ist stärker
als der wunsch zu leben
unser sterben schwächer
als der tiefste schlaf
wir kommen aus dem wunder
und wir gehen in das wunder
in uns schreit die letzte frage:
WARUM GIBT ES
DAS GANZE ÜBERHAUPT?
aber das universum macht
einfach weiter es kennt
diese frage nicht

KLARGEBET

Runder als ein Fußball
Treibt die Erde durchs All
Das Wunder der Natur
Hinterlässt eine feine Spur
Seit dem ersten Urknall

Ob vorher schon was war
Kann niemand richtig sagen
Doch wagen wir das Leben
Denn eines ist ganz sicher
Das Wunder ist uns klar

*Gedichtet morgens früh im Bus 730 von "Vennhauser Allee"
nach "Gerresheim S-Bahnhof" auf dem Weg zur Arbeit als
ZUSÄTZLICHE BETREUUNGSKRAFT im Heinrich-Zschokke-Haus,
weil ich ausnahmsweise Frühschicht hatte und darum
den Morgenkreis der Bewohner moderierte, bei dem immer
bestimmte Rituale berücksichtigt werden, wie z.B. das
Vorlesen eines Tagesspruches, als welcher dann mein
frisch geschriebenes Klargebet diente, während ich
einen kleinen Plastikglobus herumreichte, den jeder
einmal spielerisch um seine Erdachse drehen konnte...*

THEATER DER UNENDLICHKEIT

ich bin dankbar und froh so ruhig
und zufrieden in mir zu ruhen
der zustand ist wirklich unfassbar
einfach und kein sensationelles
erleuchtetes wissen da ist niemand
mehr in mir der irgendein wissen hat
das ego stirbt an seiner eigenen demenz
es bleibt nur der kopf der denkt weil er
wörter macht die augen die schauen weil
sie sehen der mund der redet weil er spricht
das herz ist berührt weil es fühlt keine
große frage ist mehr im weg nichts
behindert mehr das wahrnehmen
von allem aus sich selbst heraus
das ganze leben wird ein einziges
gespräch des universums mit
sich selbst in tausend rollen

ERFÜLLTE LIEBESGEDICHTE

ERFÜLLTE

in einer solch harmlosen zeit
des gemeinsam erlebten glücks
gibt es kaum worte
tiefsinnig und innig genug
um sich so ehrlich und
ernst zu bedanken daß die
erinnerung stark genug bliebe
denn wir vermissen den andern
schon vor seinem abschied als
sähen wir uns niemals wieder
die liebe macht traurig vor
ehrfurcht der letzte blick
gleicht dem anfänglichen und
verkündet die hoffnung
auf wehmütige wiederholung

ÜBERKOMPENSIERTE

umgeben von
konditionierten menschen
zensierten welten
sterilisierten sprachen
langweiligem luxus
existenzlosen inhalten
informationsvakuum
spüren wir uns

FLÜCHTIGE

jetzt da
ich wegen dir
immerzu glücklich
bin schreibe ich
keine gedichte mehr
über das große
gefühl der verbundenheit
das meine zellen durchströmt
wie die leere
des unendlichen
universums durch das
wir fliegen oh
ja wir fliegen alle
in alle richtungen
gleichzeitig
als ob wir still ständen
um uns zu küssen
denn wo sind wir
wirklich zuhause
wenn nicht ganz hier
wo wir den atem teilen

200PROZENTIGE

kein wort keine geste
kein zögern kein warten
kein nachdenken kein
abschätzen kein fragen
kein suchen kein anderssein
oder verkehrt oder verletzt
oder nicht aufmerksam sein
kein vermissen kein
ankommen und wegrennen
kein ausziehen und anziehen
kein lieben und hassen kein
mehr oder weniger
wundern und wollen
verklären verführen
verstehen verdrehen
wir sind die die sich
durch den anderen
spüren

<u>VERDOPPELTE</u>

ich liebe deinen körper weil
er so alt ist wie meiner
ich liebe deine augen weil
ich dich durch sie sehe
ich liebe deine seele weil
sie so leer ist wie meine
wir greifen nach uns durch
dieses doppelte nichts und
erhaschen für einen moment
das gefühl uns zu kennen

SEELEN(GER)IN(N)SEL

zwei unzertrennbare au-
genpaare gerinnen im
mittelpunkt ihres ur-
sprünglichen seins ohne
liker und follower der
sozialen hysterie zu
einem geheimnis das
nachahmer aus allen
generationen und
ländern sucht bis
niemand mehr
flüchten braucht

MERKWÜRDIGE METAGEDICHTE

GENSTROM

Wenn ich all die menschen seh / die nicht auf meine lesung kommen / all die autos die dem mensch zur heimat werden / und die kinder denen man nichts sagt / dann spüre ich am eignen leibe / daß das leben nur routine ist / für all die alltagsgläubigen da draußen / wo die literatur nicht hörbar wird / die dichter trotz prestige und preisen / völlig unbemerkt durch straßen voller zombies schlendern / wo literatur noch nie und niemals / stattgefunden hat und niemals nie und nirgends jemals / stattgefunden haben wird / hier findet keine poesie und kein gedanke / kein gefühl und keine sehnsucht statt / hier wird gearbeitet und totgeschwiegen / daß DAS ENDE NAHT und jeden mitnimmt / dessen seele von den lügen der politiker der wirtschaft und der unterhaltungs- industrie / verseucht ist ja verseucht! vergiftet! vergewaltigt! und betäubt! / dein herz ist durch die eltern und erzieher / durch die lehrer und gelehrten so vertrocknet / und verstaubt und dein gehirn nutzt nicht einmal / EIN EINZIGES PROZENT der möglichkeiten die der datenstrom erlaubt / und du, du weisst es nichtmal! du sitzt jetzt in deinem auto / mittendrin im stau und denkst nur an die pizza / an die polizei und deinen partner / der auf einer andren autobahn zufällig / an dasselbe denkt das ist telepathie / das ist romantik das ist religiös sensationell / wie dein parfüm mundwasser reiswein sushi und / der wellnessurlaub in Kyoto: MEDITIEREN GEGEN STRESS / TOTMEDITIEREN ZWANGSERLEUCHTUNG INNERE BEFREIUNG ICHVERNICHTUNG / ganzzerstörung die totale leere gegen einsamkeit / dein neues koan lautet "wieviel ichs zählt deine mitte, wenn die mitte aus unendlichkeit besteht?" / wenn alle zahlen und figuren nur auf falschen hirnaktivitäten fußen / und die füße streng genommen im unendlichen versinken / im unendlichen! im leeren! kosmischen! im multiversum das dein heiliges bewusstsein / unausweichlich a b c assimiliert du bist ein kosmischer cyborg / aus unendlicher leere und der ewigen unendlichkeit / du hast nichts zu verlieren weil du nur das du bist / das sich du betitelt ohne text dazu zu liefern / das gedicht der schönen wahren guten identität ist nur ein titel ohne text / das weisse blatt zerfällt im weissen rauschen / herbst! der himmel ist ein wolkenloser satz / durchsichtige buchstaben regnen durch die haut / dein blut beginnt zu reden deine adern / formen sich zu lippen deine haut ist eine zunge / über die das literarische ereignis rollt / und dir bewusst macht: LEBEN. IST. DAS. GANZE. SEIN. DAS. SEIN. IST. LEBEN. NICHTS. ALS. LEBEN. NUR. NOCH. LEBEN. NICHTS. SEIN. / und den nächsten live-event des dichters nicht verpassen / während deine zombie-freunde weiterhin durch shopping malls und wellness center huschen / denn du weisst doch schon seit schittko daß / die center allesamt sehr lächerlich sehr sehr ach alles ist so sehr sehr SEHR / daß dein weltlyrisches geschrei im alltag XXL nicht hörbar ist / die sonne scheint das ende naht das sagte ich bereits / mein freund wir haben die geschichte radikal geändert / haben uns verändert haben uns gerettet und die welt in einem abwasch gleich dabei / der aufstand ist nun nicht mehr nötig / siehst du nicht wie wunderbar das ganze leuchtet? //

VER(S)NET ... Z E N
(ACHTUNG: GEREIMTES ENDE!)

12 ist nun wirklich keine zahl für mich / weil sie identisch ist / mit der 0 und / der randlosen unendlichkeit / der astronomische monat: vergessen! / der durchgetaktete biorhythmus: am mehrdimensionalen hirnpotenzial / einfach vorbei – und die ganze zeit: ein gespenst! ein phantom! EIN ABSOLUTES NICHTS! / aber niemand erwacht aus der kollektiven hypnose / das ganze moderne leben ist alles andere als modern! / es gibt keine "moderne literatur" und es gibt auch / keine "moderne kunst" – es gibt nur diese medien / die uns von geburt an an all diese überlebenssysteme anpassen / die ihre jeweilige logik aneinander reibungslos abgleichen / damit wir den braten nicht riechen: / die 13.stunde ist seit jahrhunderten blutig! / der 13.mond: auf der rückseite blutverschmiert – und / die 13.muse ist die erleuchtung der zenmeister / daß es KEIN ICH gibt / das sich irgendwie suchen müsste / obwohl das gesuchte die auflösung des suchers wäre... / wir publizieren noch immer papier voller heisser luft / denn das buch wird dann dicker und diese "szene" noch aufgeblasener als die zahl 12 / die ich nur mitspiele / weil es keine dreizehn geben kann / nach der 12 muss das spiel wieder von vorne beginnen / nach dem dezember kommt januar / auf den verschneiten winter folgt immer der frühling / mit milden temperaturen und knospen und einem herausgeber / der dir mein gedicht / das keins ist / zum bedeutsamen lesen serviert / HALT DIE LUFT AN UND DENK DIR BEIM LESEN DEINEN EIGENEN TEIL! / ich schneide derweil eine torte in 12 homogene stücke und gebe dir nebenbei das allerdreizehnte stück zum probieren der leere / aus der alles besteht / was wir "sein" nennen und durch die blume akzeptieren / damit es so weitergeht / wie wir es kennen //

GESTÄNDNIS

ja ich gestehe... ich weiß / einfach nicht mehr wozu / ein gedicht dienen soll wenn / sowieso niemand die zeit dazu / findet poetische zeilen zu lesen / deren sehnsucht weit über das / preisdumping der werbeslogans / hinaus geht das ist doch / keine singlebörse hier kein / produktmarketing, oder – oder doch? / kannst du mir kurz und bündig erklären / warum wir den klimawandel nicht damals / als unsere wissenschaftler zum ersten mal / vor dem ozonloch warnten / ernst nahmen! ist denn die menschheit / in sämtlichen angelegenheiten so / faul und so dumm daß sie erst aufwacht / wenn unglücke passieren die IRREVERSIBEL bleiben / ja, "irreversibel" möchtest du nicht gerne / in einem schönen gedicht lesen / ich weiß... ich gestehe. immerhin steht das / hier sehr rhythmisch mit doppel-h, klar! //

ANDROIDE

das sei vorausgeschickt: ich bin / kein deutschlehrer und zweitens auch / kein korinthenkacker in sachen / rechtschreibung grammatik und satzbau / die deutsche sprache ist schwer und / das allerwichtigste ist doch / daß wir uns irgendwie trotzdem / verstehen! die völker-verständigung kann / AUF DIE SPRACHE VERZICHTEN / wenn wir uns tief genug in / die weit aufgerissenen augen schauen um / diese dunkle macht in der leere / unserer kreisrunden pupillen zu spüren / sie nannten es früher beim namen / und zitterten vor lauter ehrfurcht / doch heute wollen wir uns als / das namenlose begrüßen / denn hinter den augen wohnt / kein paparazzo der digitale gott / ist ein kybernetischer wirbelsturm / ohne windstilles zentrum der regen / peitscht in die seele und deine seele / ist dieses nasse spektakel selbst //

DER GEDICHTTITEL

damit hättest du gar nicht gerechnet, was? das / gedicht hat diesen allgemeingültigen titel / weil es als projektionsfläche für deine / geheimen gedanken fungiert und die / sollen ja schließlich geheim bleiben / sie sind dein privateigentum und daher / nicht zu literarischen zwecken geeignet / das einzige wovon ich hier sprechen kann / ist das gefühl der erinnerung / an deine haut / und die zärtlichkeit deiner stimme / mit politik hat das nur wenig zu tun / aber irgendwo muss man ja anfangen / wenn es ums ganze geht / irgendwie ist das doch selbstverständlich / daß das was wir LEBEN nennen / nicht aus dem fernseher kommt / sondern beim händchenhalten passiert / die ganze aufregung, das neue vertrauen... / die zukunft ist keine talkshow sondern ein / einziges wort in dein ohr geflüstert: ja! / immer wieder und wieder: ja! ja! ja! //

<u>QUIZFRAGE</u>

DAS HIER ist das bescheuertste
preisträgergedicht das du jemals
in deine finger und zu gesicht kriegst
zeig es unter keinen umständen
deiner deutschlehrerin oder einem
germanistik-professor am "institut für
neuere deutsche literatur" – sie werden
dich anbrüllen, verfluchen und raus-
schmeissen! du hobbypoetenpimpf!
denn dieses gedicht kann kein einziges
weltproblem lösen kann niemanden in
das leben verliebt machen kann keinen
sterbenden mit dem tod versöhnen. es
spendet weder trost noch verrät es dir,
wie du mit diesem fucking klimawandel
klarkommen kannst. ja, ich schreibe
"klarkommen" ZUSAMMEN (in 1 wort) &
alle substantive klein, auch "substantiv".
in diesem gedicht geht es schlichtweg
um name dropping (natürlich auf englisch
weil das hermetischer klingt): von Artaud
(Antonin) bis Whitman (Walt) – jetzt
weisst du wo der pfeffer hängt und
hämmer wachsen das supergedicht des
superdichters makes poetry great again
no poem was ever greater before so post
it into the dropping rain and feel your
A. fame; B. game; C. shame (semikolon)

<u>GÄNSEMARSCH</u>

bevor ich dieses gedicht überhaupt
gelesen hatte, kannte ich nur
GOETHE, HEINE, RILKE und BRECHT
aber deren handschriften waren
wesentlich leichter zu entziffern
als dieses neumodische zeug das
sich literatur schimpft obwohl weder
rechtschreibung noch schönschrift
darin geübt wurde, bevor wir von
unserem langweiligen lehrer im völlig
überflüssigen deutschunterricht
danach gefragt wurden, wie wir
zeitgenössische dichtung fänden
"fänden" !!! was denkt der eigentlich
WER ER *"SEI"* ??? bevor ich dieses
gedicht überhaupt gelesen hatte, ...

Wie verhalten sich spirituelle Wertfreiheit & politische Bewertung zueinander?
Pier Zellins Rezension, die sich im Interview mit dem zeitgenössischen
deutschen Dichter Tom de Toys entwickelt

Tom de Toys

NULL
NERD

NEUROSMOG

Von NULL NERD zu NEUROSMOG

INTERVIEW

REZENSION

*"...der mit seiner 'Grundlosen Inwesenheit'
das ewige Präsenz zur Kernbotschaft
erhebt..." taz (1999)*

inwesenheit.de

yogapoesie.de

30 Jahre LOCHiSMUS 5.5.1989-2019

"Bei der Fahrt mit der Straßenbahn konnte ich im Takt der Rheinbahn-Schwellen diese rhythmische Prosa goutieren. Selten habe ich so etwas über eine Lebensstrecke von 30 Jahren gelesen, was mit einer derartigen Dringlichkeit aufgeladen ist."
A.J. Weigoni 2014

"Es gibt keine gravierenden Abweichungen von der Alltagssprache, keine graphischen Auffälligkeiten, keine Semantisierung der syntaktischen Ebene. Gerade das Nichtausbuchstabieren ermöglicht es dem Leser, die Lücken mit Hilfe der eigenen Phantasie zu füllen. Im lyrischen Schaffen dieses Performers vergegenwärtigen sich die nonkonformistischen Rituale einer antibürgerlichen Subkultur. Seine skrupulöse Sprachbeherrschung beeindruckt, seine Poetik ist von verstörender Intensität."
Matthias Hagedorn 2015

"er bezieht erkenntnisse der neurobiologie und gehirnforschung ein. kritik und postulat gehören bei tom de toys zusammen, dessen gedanken häufig einen programmatischen ansatz haben. reflexive und missionarisch anmutende passagen wechseln einander ab. die tendenz geht dabei vom intellektuellen zum meditativen. er ermutigt zu einem ganzheitlichen sinnlichen leben."
Holger Benkel 2018